CACHE-CACHE

AU TEMPS DE LA PREHISTOIRE

Jane Bingham

Illustrations : Ian Jackson

Maquette : Susie McCaffrey

Rédaction : Felicity Brooks
Conseiller scientifique : Professeur Michael Benton

Pour l'édition française :

Traduction : Pascal Varejka

Rédaction : Renée Chaspoul et Helen Thawley

Sommaire

Hylonomus est le plus ancien reptile connu qui ait vécu sur la Terre. Tu peux chercher cinq de ces reptiles primitifs aux pages 10 et 11.

Au sujet de ce livre

Ce livre présente différentes scènes des temps préhistoriques. Tu peux y apprendre des choses passionnantes sur les dinosaures et d'autres animaux. Mais c'est aussi un livre-jeu. En observant attentivement les illustrations, tu trouveras des centaines d'animaux et de plantes préhistoriques. Voici comment tu peux jouer.

Cette bande bleue t'indique quand vivaient les animaux représentés.

Il y a plusieurs petites illustrations en marge de la scène principale.

La légende de chaque illustration t'indique le nom de l'animal et combien il y en a dans la scène principale.

Ce dinosaure se trouve en partie en dehors de la grande image, mais tu dois tout de même le compter.

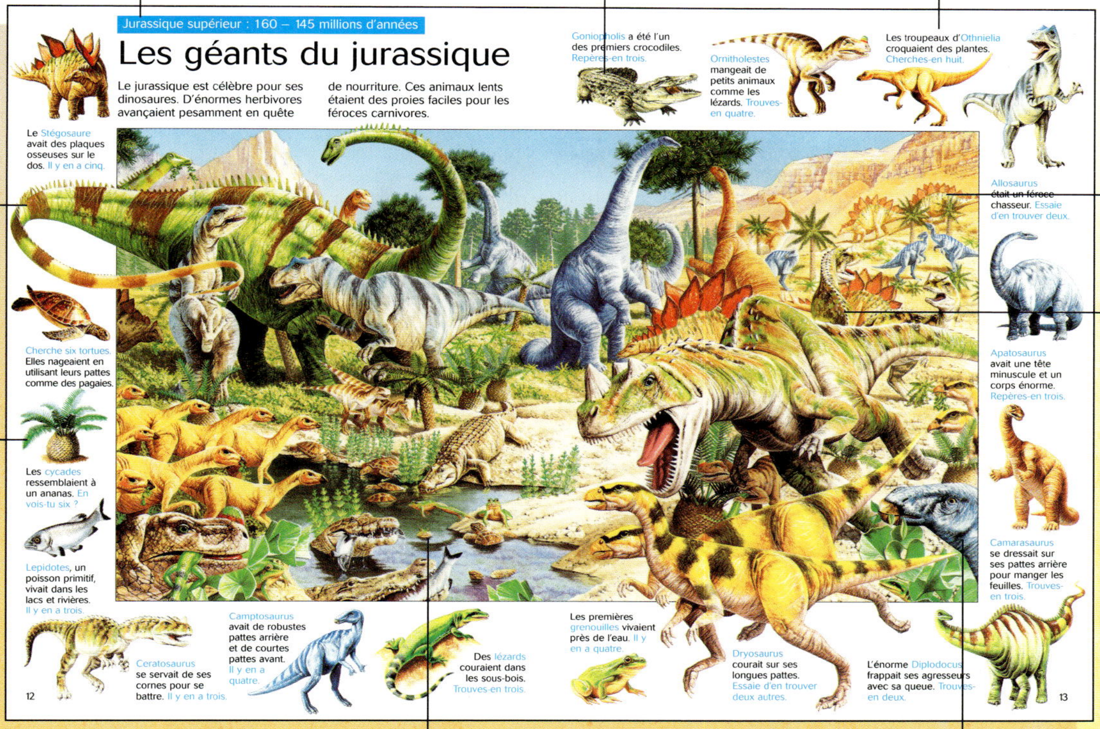

Jurassique supérieur : 160 – 145 millions d'années

Les géants du jurassique

Le jurassique est célèbre pour ses dinosaures. D'énormes herbivores avançaient pesamment en quête de nourriture. Ces animaux lents étaient des proies faciles pour les féroces carnivores.

Le Stégosaure avait des plaques osseuses sur le dos. Il y en a cinq.

Cherche six tortues. Elles nageaient en utilisant leurs pattes comme des pagaies.

Les cycades ressemblaient à un ananas. En vois-tu six ?

Lepidotes, un poisson primitif, vivait dans les lacs et rivières. Il y en a trois.

Goniopholis a été l'un des premiers crocodiles. Repères-en trois.

Ornitholestes mangeait de petits animaux comme les lézards. Trouves-en quatre.

Les troupeaux d'Othnielia croquaient des plantes. Cherches-en huit.

Allosaurus était un féroce chasseur. Essaie d'en trouver deux.

Apatosaurus avait une tête minuscule et un corps énorme. Repères-en trois.

Camarasaurus se dressait sur ses pattes arrière pour manger les feuilles. Trouves-en trois.

Ceratosaurus se servait de ses cornes pour se battre. Il y en a trois.

Camptosaurus avait de robustes pattes arrière et de courtes pattes avant. Il y en a quatre.

Des lézards couraient dans les sous-bois. Trouves-en trois.

Les premières grenouilles vivaient près de l'eau. Il y en a quatre.

Dryosaurus courait sur ses longues pattes. Essaie d'en trouver deux autres.

L'énorme Diplodocus frappait ses agresseurs avec sa queue. Trouves-en deux.

12

13

Parfois tu dois aussi trouver des plantes et des arbres.

Observe attentivement pour repérer les Stégosaures au loin.

Ce Ceratosaurus n'est pas représenté sous le même angle que celui de la petite illustration, mais il faut le compter.

N'oublie pas cette grenouille, bien qu'elle soit en grande partie sous l'eau.

Les animaux visibles en partie seulement comptent aussi, comme ce dinosaure.

L'objectif de ces jeux est de trouver tous les animaux et les plantes de la grande illustration. Certains animaux se ressemblent beaucoup et tu dois les observer attentivement pour détecter les différences. Si tu n'y arrives pas, tu trouveras les réponses pages 28 à 31.

Pour rendre le jeu plus difficile, on a représenté dans chaque scène un grand nombre de plantes et d'animaux. Mais dans la réalité, le monde de la préhistoire n'était pas aussi peuplé.

Le monde préhistorique

Ce livre couvre des millions d'années. La première scène est située il y a 545 millions d'années, quand la vie est en train de naître dans les océans. Ensuite sont apparus des insectes géants, des poissons et des amphibiens (des animaux capables de vivre sur terre et dans l'eau).

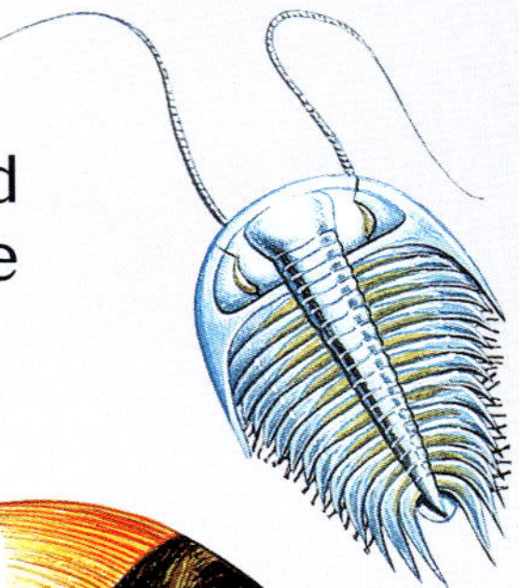

Les trilobites ont été parmi les premiers animaux à vivre dans les océans.

Les premières libellules étaient aussi grandes que les mouettes actuelles.

Ce poisson primitif nageait dans les marais préhistoriques.

Des amphibiens semblables à des grenouilles vivaient il y a 150 millions d'années.

Les reptiles ont été les premiers animaux à coloniser la terre ferme. Ils avaient la peau sèche et écailleuse et pondaient des œufs. Les dinosaures étaient les plus grands de tous.

La plupart des dinosaures étaient énormes. Cette patte appartient à un dinosaure deux fois plus grand qu'un éléphant actuel.

Rhamphorhynchus était un reptile volant. Il attrapait des poissons dans son bec.

Il y a 65 millions d'années, tous les dinosaures ont disparu et ont fait place à un nouveau groupe d'animaux : les mammifères, des animaux à fourrure qui allaitent leurs petits. Progressivement, divers types de mammifères sont apparus dans le monde.

Les premiers mammifères gambadaient entre les pattes des dinosaures. Ils ressemblaient aux musaraignes actuelles.

Comment le savons-nous ?

Depuis des années, les spécialistes de la préhistoire, les paléontologues, cherchent des fossiles pour les étudier. Les fossiles sont les restes d'animaux et de plantes préhistoriques.

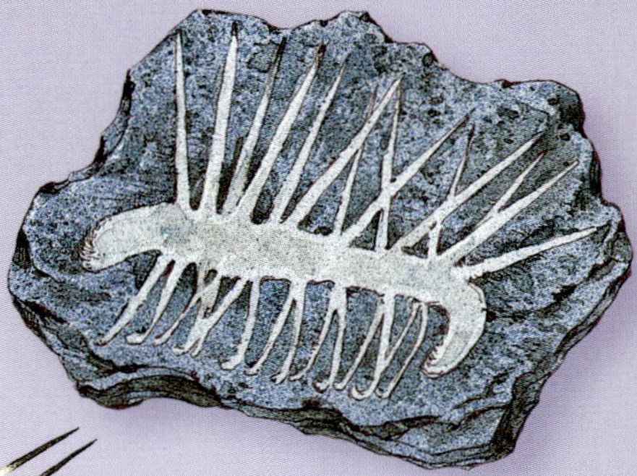

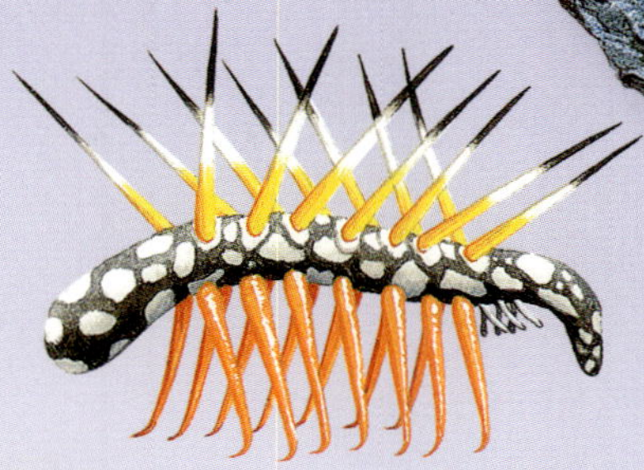

La silhouette sur ce fossile est celle d'un animal marin, Hallucigenia.

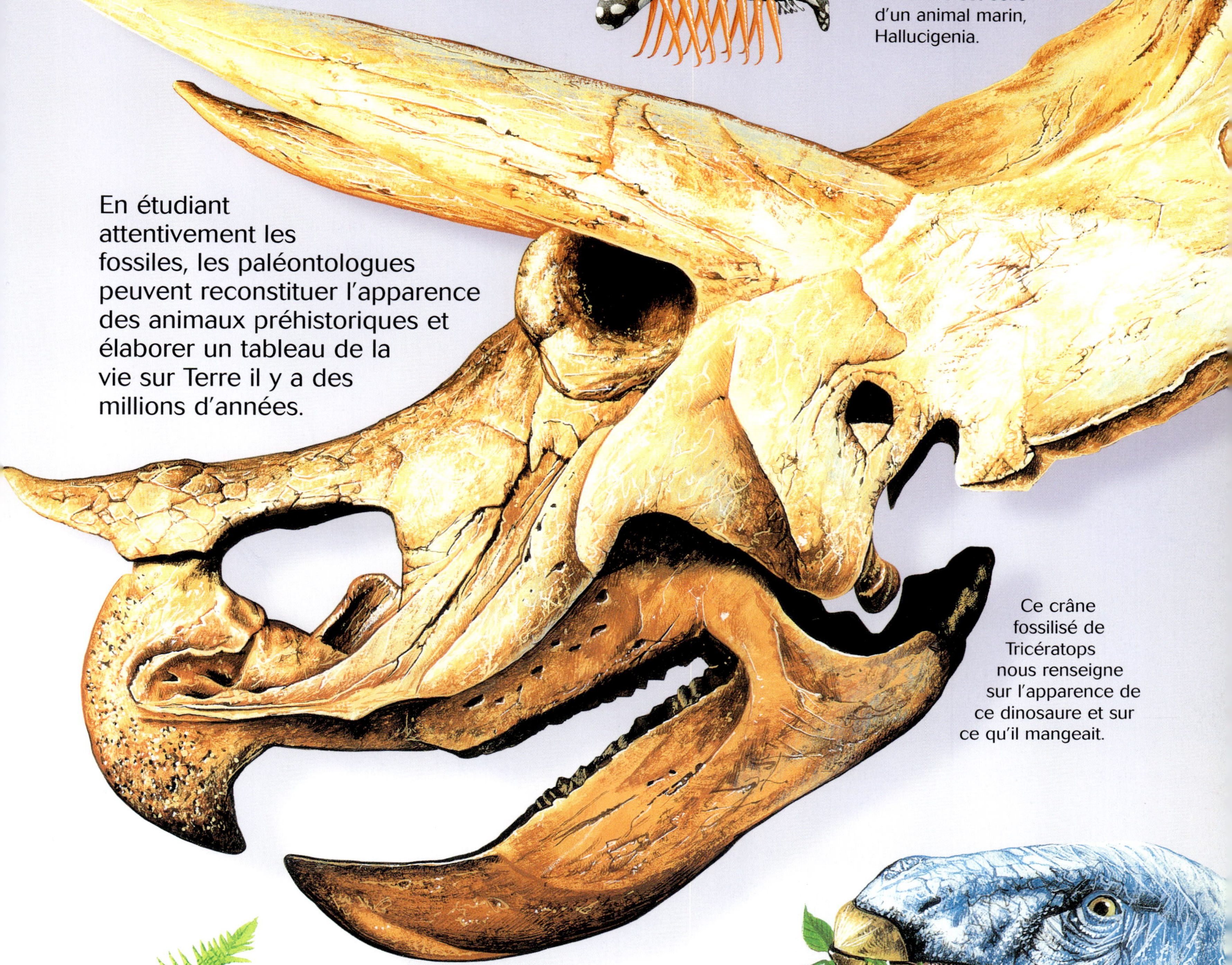

En étudiant attentivement les fossiles, les paléontologues peuvent reconstituer l'apparence des animaux préhistoriques et élaborer un tableau de la vie sur Terre il y a des millions d'années.

Ce crâne fossilisé de Tricératops nous renseigne sur l'apparence de ce dinosaure et sur ce qu'il mangeait.

Des noms étranges

Quand les paléontologues découvrent un nouvel animal préhistorique, ils lui donnent un nom. Ils choisissent des noms latins ou grecs que l'on peut comprendre dans tous les pays. Souvent, le nom de l'animal décrit son apparence ou son comportement.

Ce dinosaure s'appelle Camptosaurus ; cela signifie « reptile flexible » en latin. On l'a nommé ainsi à cause de son cou et de sa colonne vertébrale souples.

Les temps préhistoriques

Il nous est difficile d'imaginer que la Terre existe depuis des milliards d'années. Pour faciliter l'étude de l'histoire de la Terre, les spécialistes ont divisé la préhistoire en plusieurs périodes. Chacune a duré des millions d'années.

Ce diagramme présente les grandes périodes de la préhistoire. Tu peux aussi voir quand certains animaux et certaines plantes sont apparus sur la Terre.

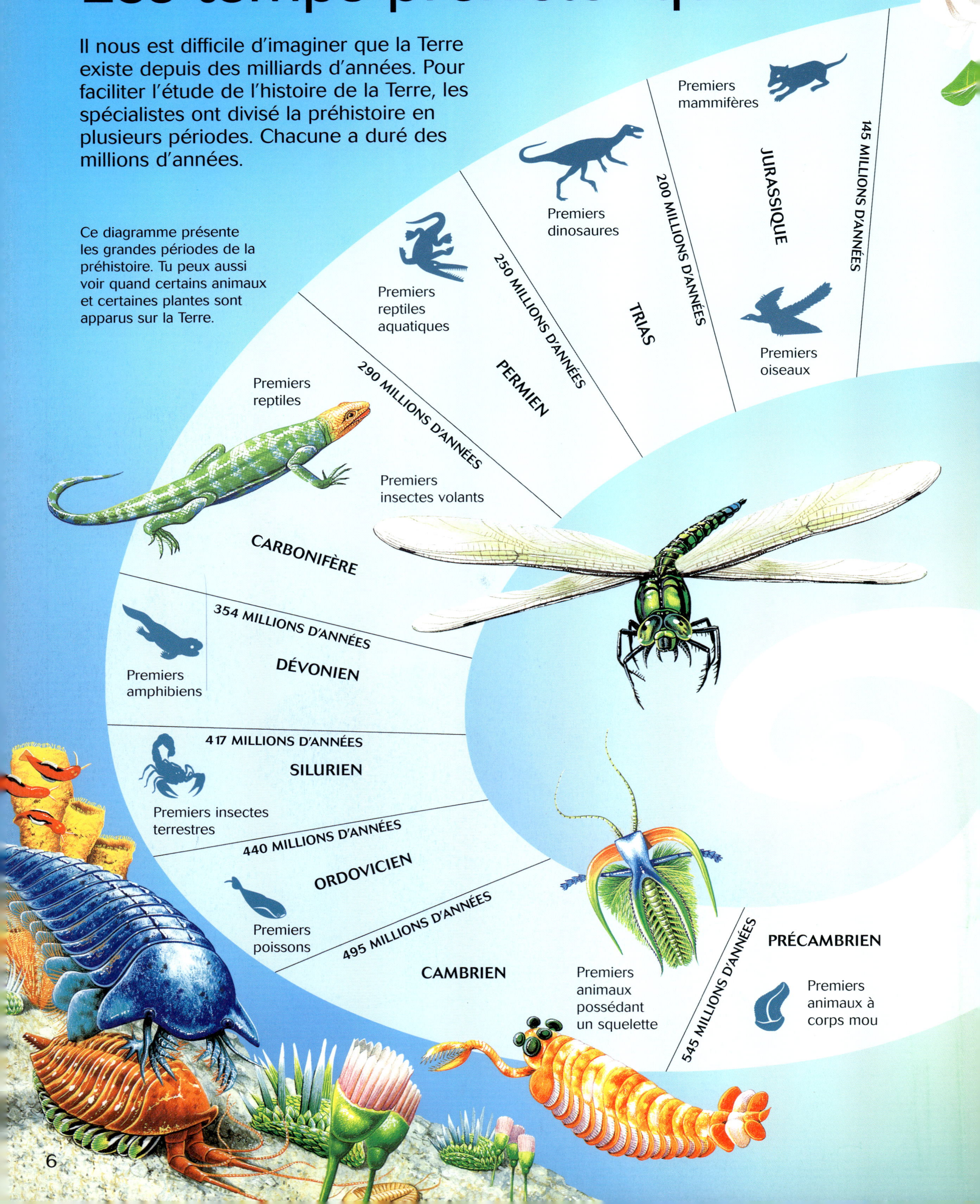

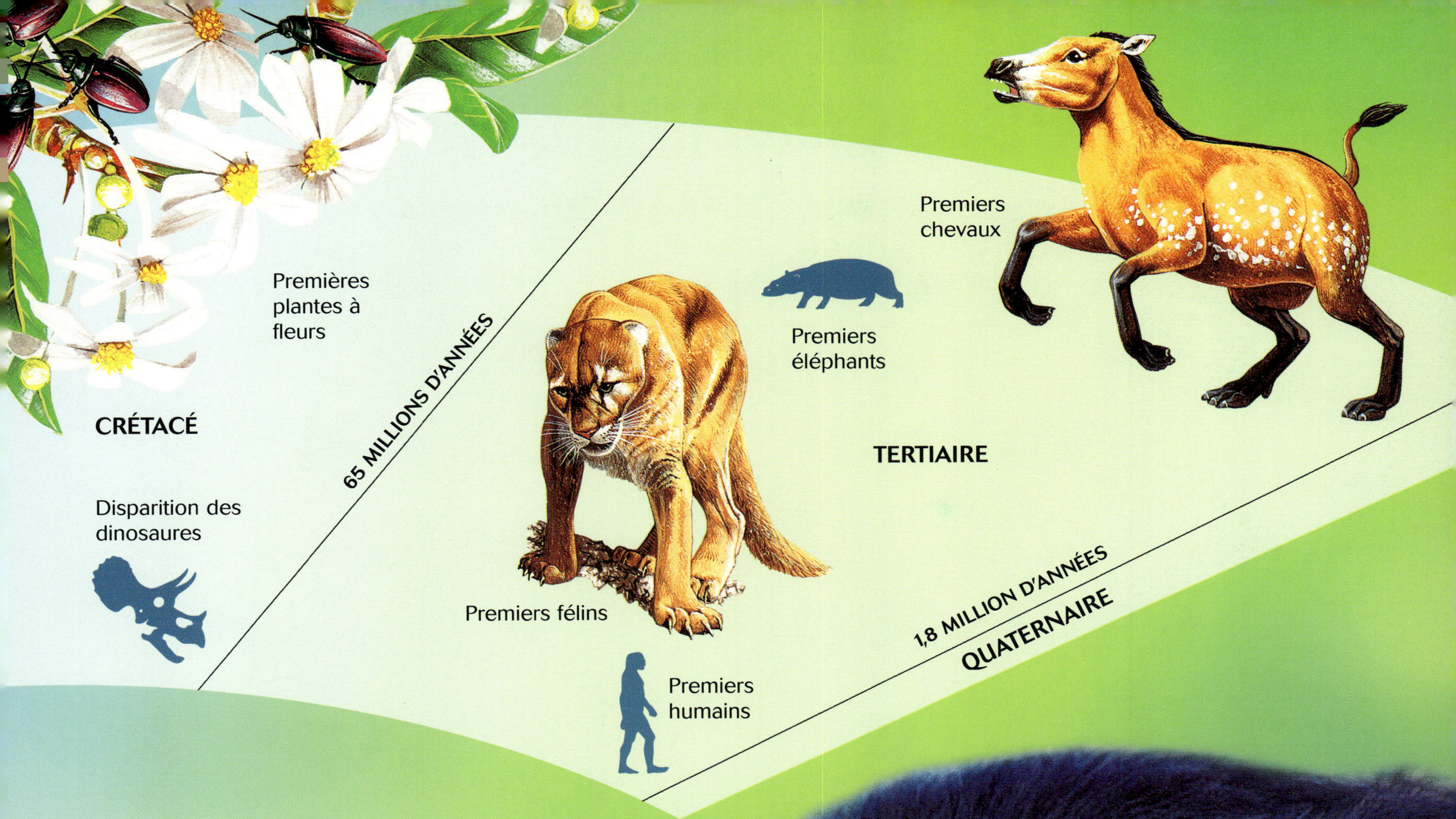

Après les dinosaures

La période qui suit la disparition des dinosaures s'appelle le tertiaire. Les mammifères se sont alors répandus dans le monde entier. Les spécialistes divisent parfois le tertiaire en cinq époques : le paléocène, l'éocène, l'oligocène, le miocène et le pliocène. La période suivante, le quaternaire, comprend le pléistocène et l'holocène. L'époque actuelle est l'holocène.

Les premiers êtres humains sont apparus durant le pliocène. Ils existent depuis très peu de temps par rapport à la longue histoire de la Terre.

Les singes sont apparus sur la Terre il y a environ 30 millions d'années. Certaines variétés ont évolué (se sont développées très progressivement) et donné naissance aux êtres humains. D'autres ont très peu changé depuis la préhistoire.

Des océans surpeuplés

Il y a environ 545 millions d'années, d'étranges animaux sont apparus dans les océans. Beaucoup étaient protégés par des coquilles et des épines. En voici une centaine à chercher dans la grande illustration.

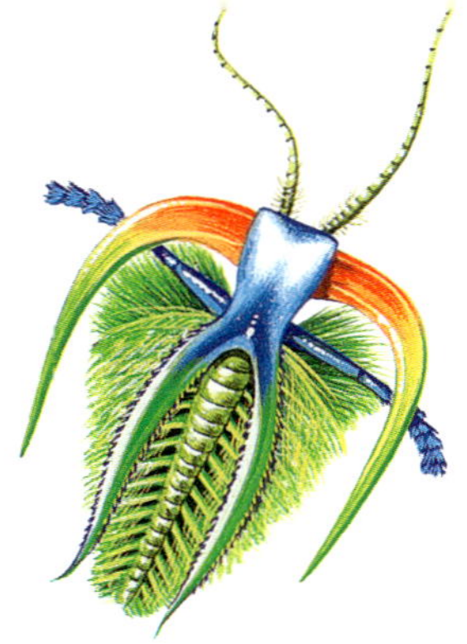

Marrella utilisait ses longues antennes pour chercher sa nourriture. En vois-tu six ?

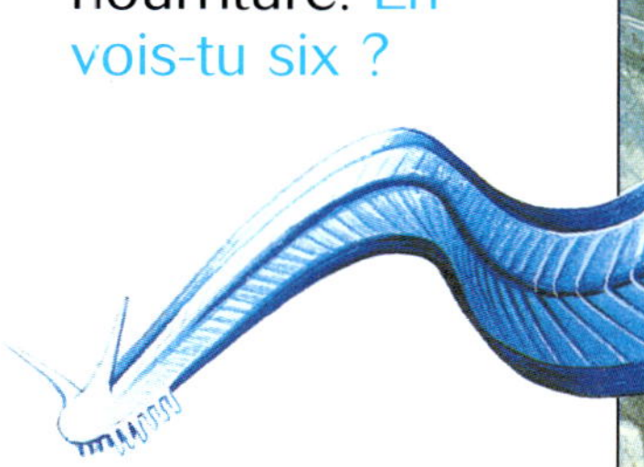

Pikaia était l'un des premiers animaux à colonne vertébrale. Il y en a huit autres.

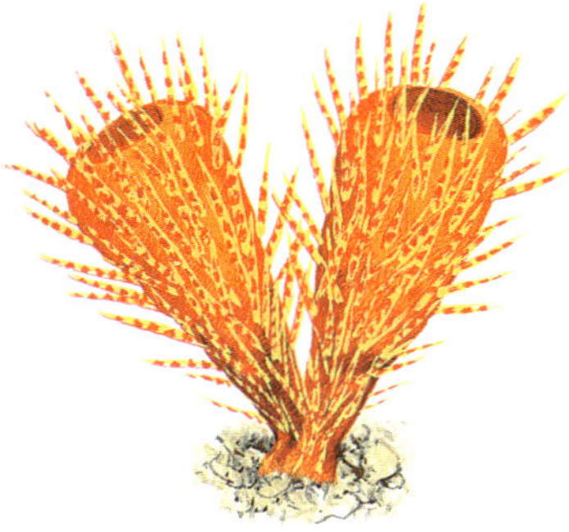

Cherche cinq éponges. Leurs longues épines les protégeaient des prédateurs.

Les méduses transparentes dérivaient dans l'eau. Peux-tu en repérer neuf ?

Leanchoilia repliait ses antennes sous son corps pour nager. En vois-tu six ?

Odontogriphus nageait en ondoyant de haut en bas. Trouves-en cinq.

Sanctacaris écrasait ses proies avec ses dix pinces. Cherches-en quatre.

Hallucigenia avait deux rangées d'épines sur le dos. Repères-en quatre.

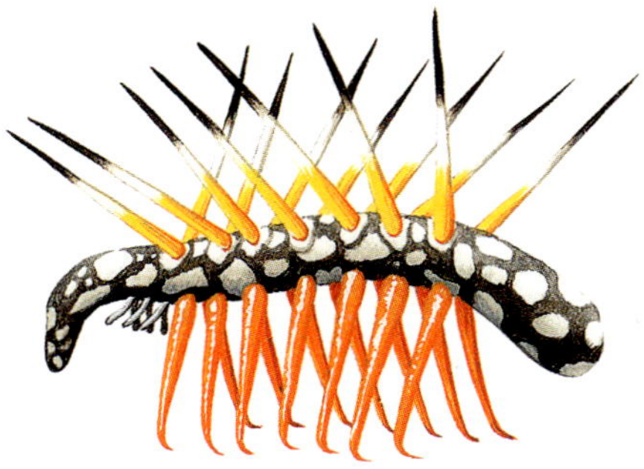

Dinomischus ressemblait à une plante, mais c'était un animal. Il y en a quatorze.

Opabinia avait cinq yeux et un long bras muni de pinces. Trouves-en trois.

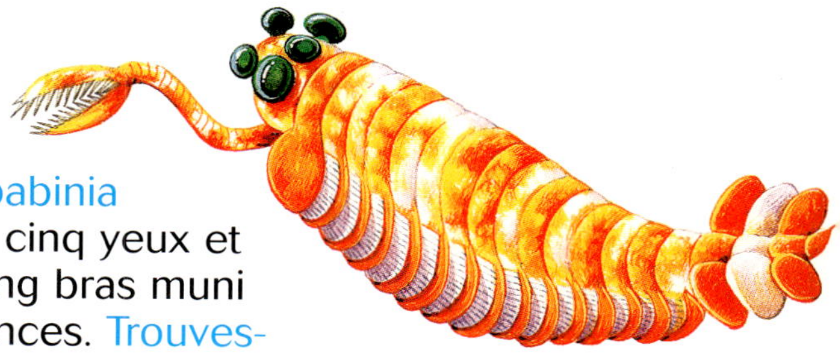

Anomalocaris prenait de petits animaux dans ses pinces. En vois-tu un autre ?

Amiskwia avait un corps aplati et deux petites antennes. Trouves-en dix.

Grâce aux piquants de ses pattes, Aysheaia escaladait les éponges. Il y en a neuf.

Un grand ver, Ottoia, creusait le fond de la mer. Essaie d'en repérer quatre.

Les trilobites couraient en quête de nourriture. Il y en a trois de chaque espèce.

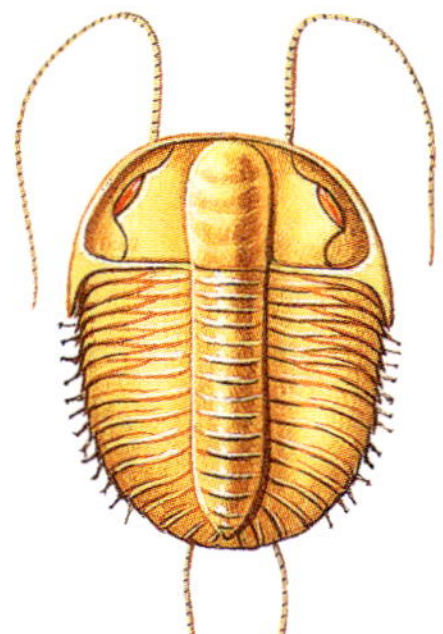

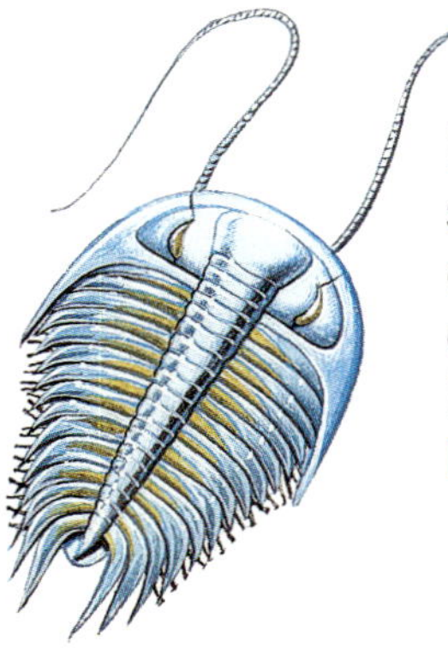

Les écailles scintillantes de Wiwaxia décourageaient les prédateurs. Il y en a six.

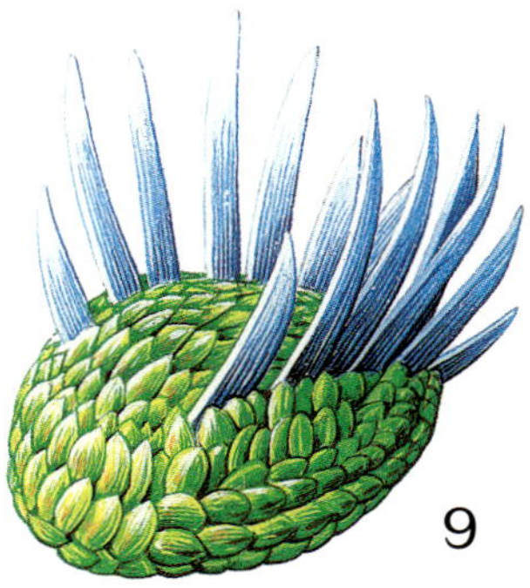

Carbonifère supérieur : 323 – 290 millions d'années

Forêts et marais

Durant le carbonifère, la Terre était en grande partie couverte de forêts chaudes et humides. Les insectes géants y grouillaient et d'étranges créatures aquatiques hantaient les marais.

Les scorpions géants tuaient leur proie avec leur queue meurtrière. Il y en a quatre.

Platysomus nageait en ondoyant de gauche à droite. Cherches-en dix.

Meganeura était aussi grande qu'une mouette. Essaie d'en repérer trois.

Ophiderpeton, une sorte de serpent, vivait surtout dans l'eau. Il y en a trois.

Un mille-pattes géant, Arthropleura, aimait les végétaux pourris. En vois-tu trois ?

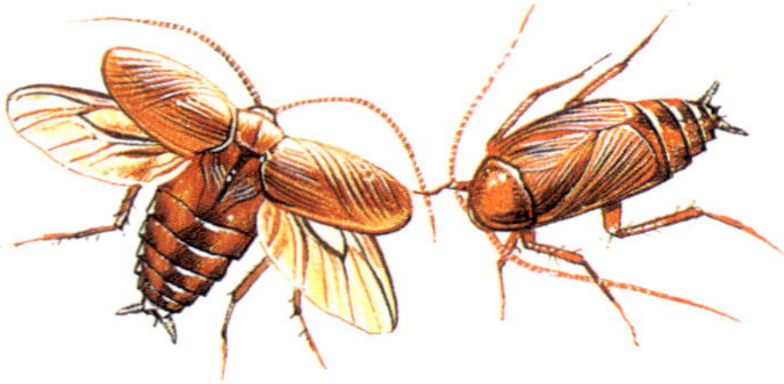

Les blattes volaient ou couraient sur le sol. Trouves-en onze.

Eryops ressemblait à un petit crocodile. En vois-tu cinq ?

Les premières araignées tissaient des toiles simples. Trouves-en quatre.

Les scolopendres saisissaient leur proie entre leurs crochets. Il y en a cinq.

Keraterpeton nageait à l'aide de sa longue queue. Repères-en six.

Cherche cinq prêles géantes. Leurs tiges portaient des feuilles minuscules.

La sigillaire n'avait pas de branches, juste une touffe de feuilles. Trouves-en six.

Les immenses lépidodendrons avaient un tronc écailleux. Il y en a six.

Le plus ancien reptile connu, Hylonomus, vivait à terre. En vois-tu cinq ?

La tête de Diploceraspis évoquait un boomerang. Trouves-en quatre.

Les fougères arborescentes ressemblaient à des palmiers. Cherches-en trois.

Les géants du jurassique

Le jurassique est célèbre pour ses dinosaures. D'énormes herbivores avançaient pesamment en quête de nourriture. Ces animaux lents étaient des proies faciles pour les féroces carnivores.

Le Stégosaure avait des plaques osseuses sur le dos. Il y en a cinq.

Cherche six tortues. Elles nageaient en utilisant leurs pattes comme des pagaies.

Les cycas ressemblaient à un ananas. En vois-tu six ?

Lepidotes, un poisson primitif, vivait dans les lacs et rivières. Il y en a trois.

Ceratosaurus se servait de ses cornes pour se battre. Il y en a trois.

Camptosaurus avait de robustes pattes arrière et de courtes pattes avant. Il y en a quatre.

Des lézards couraient dans les sous-bois. Trouves-en trois.

Goniopholis a été l'un des premiers crocodiles. Repères-en trois.

Ornitholestes mangeait de petits animaux comme les lézards. Trouves-en quatre.

Les troupeaux d'Othnielia croquaient des plantes. Cherches-en huit.

Allosaurus était un féroce chasseur. Essaie d'en trouver deux.

Apatosaurus avait une tête minuscule et un corps énorme. Repères-en trois.

Camarasaurus se dressait sur ses pattes arrière pour manger les feuilles. Trouves-en trois.

Les premières grenouilles vivaient près de l'eau. Il y en a quatre.

Dryosaurus courait sur ses longues pattes. Essaie d'en trouver deux autres.

L'énorme Diplodocus frappait ses agresseurs avec sa queue. Trouves-en deux.

Jurassique supérieur : 160 – 145 millions d'années

Les océans et les airs

Lorsque les dinosaures vivaient sur la terre ferme, d'autres grands reptiles nageaient dans les océans et volaient dans les airs. Combien de ces reptiles peux-tu découvrir sur ces deux pages ?

L'ichtyosaure ressemblait à un petit dauphin. En vois-tu cinq ?

On trouvait dans l'eau les premières crevettes. En vois-tu six ?

Peloneustes (il y en a deux) broyait ses aliments dans ses énormes mâchoires.

Anurognathus volait vite et chassait les insectes. Repères-en six.

Les ammonites étaient protégées par une coquille en spirale. Trouves-en huit autres.

Cryptoclidus avait de longues nageoires flexibles. En vois-tu deux ?

Aspidorhynchus était un des premiers poissons carnivores. Il y en a trois.

Trouve trois autres Ptérodactyles. Ils avaient des ailes de chauve-souris.

Metriorhynchus, un crocodile primitif, avait une queue et des nageoires. Cherches-en trois.

Les bélemnites avaient de longs tentacules ondoyants. En vois-tu onze ?

Muraenosaurus agitait son cou en quête de nourriture. En vois-tu deux ?

Grâce à ses yeux immenses, Ophtalmosaurus voyait sous l'eau. Il y en a trois autres.

Pholidophorus ressemblait à un hareng. Cherches-en dix-huit.

Rhamphorhynchus saisissait les poissons dans son bec. Trouves-en trois.

Scaphognathus s'aidait de sa longue queue pour voler. En vois-tu trois ?

Le Liopleurodon géant nageait très vite. Essaie d'en trouver deux.

Crétacé inférieur : 145 – 100 millions d'années

La faune du crétacé

Ces animaux vivaient dans le sud de l'Angleterre actuelle au début du crétacé, et certains également dans le reste de l'Europe. À la fin de cette période, il y a 65 millions d'années, tous les dinosaures se sont éteints.

Des libellules fendaient vivement les airs. Cherches-en six.

Pelorosaurus parcourait les plaines. Trouves-en sept.

Hylaeosaurus était couvert de protubérances et d'épines. Il y en a trois.

Les premiers oiseaux marins volent. Il y en a six.

Baryonyx se saisissait de poissons. Trouves-en trois.

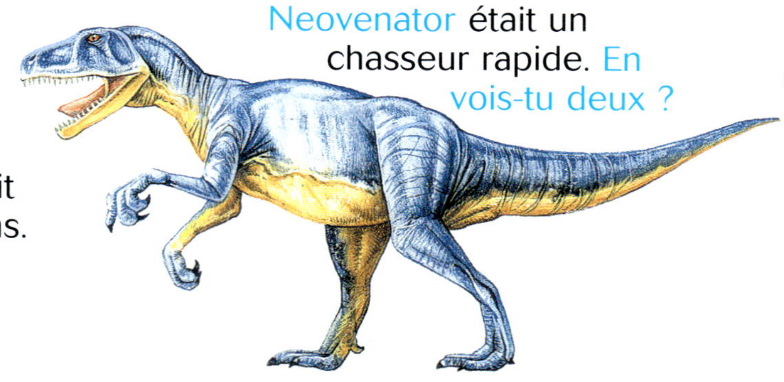

Neovenator était un chasseur rapide. En vois-tu deux ?

Hypsilophodon coupait les fougères avec son bec. Il y en a six.

Reptile volant, Ornithocheirus avait de grandes ailes. Trouves-en quatre autres.

Les coléoptères, ici quatorze, rampaient sur les feuilles.

Bernissartia était un minuscule crocodile. Il y en a cinq.

Les premiers mammifères couraient sur le sol. Il y en a trois de chaque espèce.

Les tortues des marais vivaient près de l'eau. Trouves-en six.

Vectisaurus avait une crête sur le dos. En vois-tu trois ?

Polacanthus était bardé de plaques osseuses et d'épines. Trouves-en quatre.

Le pouce d'Iguanodon était muni d'un gros éperon. Repères-en six autres.

Place aux mammifères

Après la disparition des dinosaures, on a vu apparaître des mammifères très diversifiés : grands et lourds, ou petits et rapides. Certains se sont réfugiés dans les arbres, survolés par les premières chauves-souris.

Animal massif, Uintatherium possédait des protubérances sur la tête. En vois-tu deux ?

Coryphodon aimait bien patauger dans l'eau. Trouves-en quatre.

Patriofelis ressemblait à une petite panthère. En vois-tu trois ?

L'énorme Diatryma était trop lourd pour voler. Trouves-en deux.

Un crocodile, Pristichampsus, vivait à terre. Repères-en deux.

Stylinodon mangeait des racines. Cherches-en cinq.

Icaronycteris était une chauve-souris primitive. Trouves-en douze autres.

Champsosaurus happait les poissons avec ses grandes mâchoires. Il y en a trois.

Smilodectes sautait de branche en branche. En vois-tu sept autres ?

Diacodexis courait très vite. Cherches-en neuf.

Ischyromys grimpait aux arbres comme un écureuil. Trouves-en trois.

Chriacus gambadait en quête d'insectes et de fruits. Il y en a quatre.

Hyrachyus était un ancêtre du rhinocéros. Trouves-en quatre.

Le petit Hyracotherium a été le premier cheval. Cherches-en six autres.

Lézards et serpents rampaient dans la forêt. En vois-tu quatre de chaque ?

Miocène inférieur : 24 – 16 millions d'années

En Amérique du Sud

Il y a 150 millions d'années environ, l'Amérique du Sud était une île. Elle est restée isolée du reste du monde pendant 145 millions d'années. Elle abritait une faune que l'on ne trouvait nulle part ailleurs sur la Terre.

Peltephilus était couvert de plaques osseuses. En vois-tu deux ?

Évoquant un lapin, Protypotherium bondissait dans l'herbe. Trouves-en cinq.

De grands serpents aquatiques guettaient leurs proies. En vois-tu trois ?

Bon nageur, Eocardia vivait près des rivières et étangs. Cherches-en quatre.

Homalodotherium, friand de feuilles, vagabondait à quatre pattes. Trouves-en deux autres.

Hapalops s'accrochait souvent aux arbres la tête en bas. En vois-tu trois ?

Homunculus pouvait enrouler sa queue aux branches. En vois-tu six ?

Des papillons voletaient dans les prairies. Trouves-en dix-sept autres.

Necrolestes cherchait des insectes à l'aide de son nez. Trouves-en deux.

Astrapotherium se nourrissait de plantes aquatiques. En vois-tu trois ?

Le gracieux Thoatherium ressemblait à une gazelle. Essaie d'en trouver neuf.

Cladosictis chassait poissons, reptiles et souris. Repères-en six.

Diadiaphorus ressemblait à un très petit cheval. Trouves-en neuf.

Theosodon à pattes de chameau avait un long museau. En vois-tu quatre ?

Phorusrhacos courait vite mais ne pouvait pas voler. Il y en a deux.

Borhyaena avait une poche, comme un kangourou. En vois-tu deux ?

Animaux d'Afrique

Durant le miocène, de très gros animaux ont vécu en Afrique. Les premiers éléphants parcouraient la savane, et les hippopotames et les rhinocéros peuplaient les rivières. Il y a ici plus de soixante-dix animaux.

Cherche six hippopotames géants dans la rivière.

Des vautours volaient en quête de nourriture. Il y en a cinq autres.

Le dendropithèque se balançait dans les arbres. En vois-tu cinq ?

Le sivapithèque pouvait se dresser sur ses pattes arrière. Il y en a six.

Platybelodon arrachait des plantes aquatiques avec sa trompe. Il y en a trois.

Kanuites vivait aussi bien dans les arbres qu'à terre. Trouves-en cinq.

Les lycaons chassaient en meute. Cherches-en sept.

Trouve deux Teleoceras.
C'était un rhinocéros primitif.

Les oryctéropes se nourrissaient d'insectes. Repères-en trois.

Deinotherium, un éléphant géant, avait des défenses recourbées vers le bas. Trouves-en deux.

Prolibytherium à grosses cornes était une girafe primitive. Cherches-en six.

Les autruches primitives couraient vite. Il y en a quatre.

Cherche quatre serpents arboricoles sur des branches.

Hipparion était un des premiers chevaux. Trouves-en sept.

Chasseur rusé, Afrosmilus pouvait grimper aux arbres. En vois-tu deux ?

Percrocuta se nourrissait d'animaux morts. Il y en a quatre autres.

Enlisés dans le bitume

Il y a 20 000 ans, en Californie, des animaux se sont noyés dans des mares de bitume. D'autres, venus pour les manger, se sont enlisés également. Voici quelques-uns de ces animaux.

Des troupeaux de bisons erraient dans les prairies. En vois-tu dix ?

Camelops ressemblait à un lama actuel. Il y en a quatre.

Teratorn mangeait des animaux morts. Trouves-en six.

Le cheval de l'ouest était plus petit que le nôtre. En vois-tu huit ?

Les paresseux géants (deux) avaient des bosses osseuses sous la peau.

Les belettes couraient dans les hautes herbes. Repères-en cinq.

Les aigles fondaient sur leur proie. En vois-tu quatre ?

Grenouilles et crapauds se sont englués dans le bitume. Il y en a trois de chaque espèce.

Grenouille

Crapaud

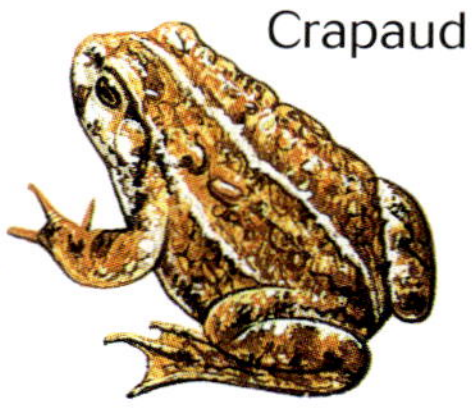

Les serpents à sonnettes faisaient vibrer leur queue. Trouves-en trois.

Smilodon avait d'énormes crocs recourbés. Trouves-en deux autres.

Canis dirus chassait en meute. En vois-tu six ?

Dindon

Dinde

Les dindons avaient une splendide queue de plumes. Trouve trois dindes et deux dindons.

Les cigognes se joignaient au festin. En vois-tu quatre ?

Les mammouths avaient d'énormes défenses. Trouves-en six.

Les glaciations

Tout le long de sa longue histoire, la Terre a connu plusieurs glaciations. D'immenses parties du globe étaient alors couvertes de glace et de neige. Cette scène est située en Russie durant la dernière glaciation.

Cherche trois Megaloceros, le plus grand cerf ayant jamais existé.

Le grand pingouin était un oiseau capable de nager. En vois-tu douze ?

Le renard polaire était un habile chasseur. Il y en a trois autres.

Le lemming creusait des tunnels dans la neige. En vois-tu sept ?

Les ours s'abritaient souvent dans les grottes. Trouves-en trois.

Une couche de graisse tenait chaud au veau marin. Repères-en deux.

Le rhinocéros laineux avait une épaisse toison. Trouves-en deux.

D’énormes baleines plongeaient dans l’eau glaciale. Trouves-en deux.

Le mammouth laineux avait une réserve de graisse sur la tête. En vois-tu cinq autres ?

Les petits phoques naissaient tout soyeux. Cherche cinq adultes et quatre petits.

Les lièvres arctiques étaient invisibles sur la neige. Essaie d’en trouver cinq.

Le bœuf musqué à longs poils errait dans la neige. En vois-tu six ?

Le renne se défendait avec ses cornes. Trouves-en onze autres.

L’hermine polaire creusait des tunnels pour atteindre sa proie. Trouves-en quatre.

Elasmotherium avait une énorme corne faite de poils. Trouves-en un autre.

Test de mémoire

Tu peux vérifier ce que tu sais de la préhistoire à l'aide de ces questions. Pour y répondre tu devras peut-être feuilleter de nouveau le livre. Si tu n'y arrives pas, tu trouveras les réponses à la page 32.

1. Tous ces dinosaures étaient carnivores, sauf un. Trouve l'herbivore.

A B C D E

2. L'un de ces animaux n'est pas un oiseau. Sais-tu lequel ?

A B C D E

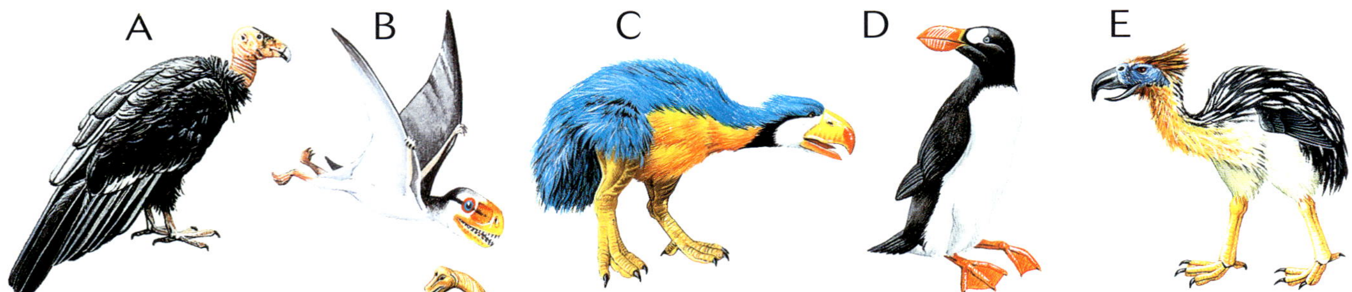

3. Peux-tu dire lequel de ces animaux n'est pas un dinosaure ?

A B C D E

Réponses

Les numéros figurant sur les pages 28 à 31 indiquent l'emplacement exact de tous les animaux et plantes représentés dans les différentes scènes du livre. Cela peut t'aider si tu as du mal à en trouver un.

Des océans surpeuplés 8-9

Marrella, 1, 2, 3, 4, 5, 6
Pikaia, 7, 8, 9, 10, 11, 12, 13, 14
Éponge, 15, 16, 17, 18, 19
Méduse, 20, 21, 22, 23, 24, 25, 26, 27, 28
Leanchoilia, 29, 30, 31, 32, 33, 34
Odontogriphus, 35, 36, 37, 38, 39
Sanctacaris, 40, 41, 42, 43
Ottoia, 44, 45, 46, 47
Trilobite, 48, 49, 50, 51, 52, 53
Wiwaxia, 54, 55, 56, 57, 58, 59
Aysheaia, 60, 61, 62, 63, 64, 65, 66, 67, 68
Amiskwia, 69, 70, 71, 72, 73, 74, 75, 76, 77, 78
Anomalocaris, 79
Opabinia, 80, 81, 82
Dinomischus, 83, 84, 85, 86, 87, 88, 89, 90, 91, 92, 93, 94, 95, 96
Hallucigenia, 97, 98, 99, 100

Forêts et marais 10-11

Scorpion géant, 1, 2, 3, 4
Platysomus, 5, 6, 7, 8, 9, 10, 11, 12, 13, 14
Meganeura, 15, 16, 17
Ophiderpeton, 18, 19, 20
Arthropleura, 21, 22, 23
Blatte, 24, 25, 26, 27, 28, 29, 30, 31, 32, 33, 34
Eryops, 35, 36, 37, 38, 39
Hylonomus, 40, 41, 42, 43, 44
Diploceraspis, 45, 46, 47, 48
Fougère arborescente, 49, 50, 51
Lépidodendron, 52, 53, 54, 55, 56, 57
Sigillaire, 58, 59, 59, 60, 61, 62, 63
Prêle géante, 64, 65, 66, 67, 68
Keraterpeton, 69, 70, 71, 72, 73, 74
Scolopendre, 75, 76, 77, 78, 79
Araignée, 80, 81, 82, 83

Les géants du jurassique 12-13

Stégosaure, 1, 2, 3, 4, 5
Tortue, 6, 7, 8, 9, 10, 11
Cycas, 12, 13, 14, 15 ,16, 17
Lepidotes, 18, 19, 20
Ceratosaurus, 21, 22, 23
Camptosaurus, 24, 25, 26, 27
Lézard, 28, 29, 30
Grenouille, 31, 32, 33, 34
Dryosaurus, 35, 36
Diplodocus, 37, 38
Camarasaurus, 39, 40, 41
Apatosaurus, 42, 43, 44
Allosaurus, 45, 46
Othnielia, 47, 48, 49, 50, 51, 52, 53, 54
Ornitholestes, 55, 56, 57, 58
Goniopholis, 59, 60, 61

Les océans et les airs 14-15

Ichtyosaure, 1, 2, 3, 4, 5
Crevette, 6, 7, 8, 9, 10, 11
Peloneustes, 12, 13
Anurognathus, 14, 15, 16, 17, 18, 19
Ammonite, 20, 21, 22, 23, 24, 25, 26, 27
Cryptoclidus, 28, 29
Aspidorhynchus, 30, 31, 32
Rhamphorhynchus, 33, 34, 35
Scaphognathus, 36, 37, 38
Liopleurodon, 39, 40
Pholidophorus, 41, 42, 43, 44, 45, 46, 47, 48, 49, 50, 51, 52, 53, 54, 55, 56, 57, 58
Ophtalmosaurus, 59, 60, 61
Muraenosaurus, 62, 63
Bélemnite, 64, 65, 66, 67, 68, 69, 70, 71, 72, 73, 74
Metriorhynchus, 75, 76, 77
Ptérodactyle, 78, 79, 80

La faune du crétacé 16-17

Libellule, 1, 2, 3, 4, 5, 6
Pelorosaurus, 7, 8, 9, 10, 11, 12, 13
Hylaeosaurus, 14, 15, 16
Oiseau marin, 17, 18, 19, 20, 21, 22
Baryonix, 23, 24, 25
Neovenator, 26, 27
Hypsilophodon, 28, 29, 30, 31, 32, 33
Vectisaurus, 34, 35, 36
Polacanthus, 37, 38, 39, 40
Iguanodon, 41, 42, 43, 44, 45, 46
Tortue, 47, 48, 49, 50, 51, 52
Mammifère, 53, 54, 55, 56, 57, 58
Bernissartia, 59, 60, 61, 62, 63
Coléoptère, 64, 65, 66, 67, 68, 69, 70, 71, 72, 73, 74, 75, 76, 77
Ornithocheirus, 78, 79, 80, 81

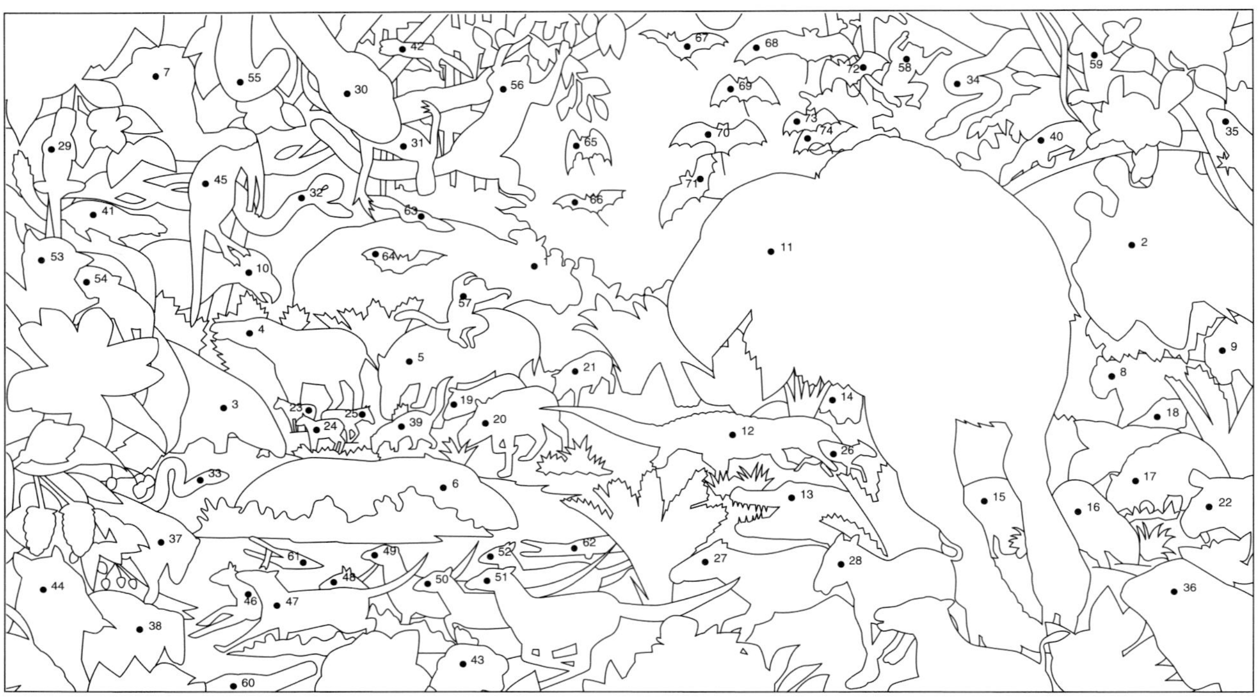

Place aux mammifères 18-19

Uintatherium, 1, 2
Coryphodon, 3, 4, 5, 6
Patriofelis, 7, 8, 9
Diatryma, 10, 11
Pristichampsus, 12, 13
Stylinodon, 14, 15, 16, 17, 18
Hyrachyus, 19, 20, 21, 22
Hyracotherium, 23, 24, 25, 26, 27, 28
Lézard et serpent, 29, 30, 31, 32, 33, 34, 35, 36
Chriacus, 37, 38, 39, 40
Ischyromys, 41, 42, 43
Diacodexis, 44, 45, 46, 47, 48, 49, 50, 51, 52
Smilodectes, 53, 54, 55, 56, 57, 58, 59
Champsosaurus, 60, 61, 62
Icaronycteris, 63, 64, 65, 66, 67, 68, 69, 70, 71, 72, 73, 74

En Amérique du Sud 20-21

Peltephilus, 1, 2
Protypotherium, 3, 4, 5, 6, 7
Serpent aquatique, 8, 9, 10
Eocardia, 11, 12, 13, 14
Homalodotherium, 15, 16
Hapalops, 17, 18, 19
Theosodon, 20, 21, 22, 23
Phorusrhacos, 24, 25
Borhyaena, 26, 27
Diadiaphorus, 28, 29, 30, 31, 32, 33, 34, 35, 36
Cladosictis, 37, 38, 39, 40, 41, 42
Thoatherium, 43, 44, 45, 46, 47, 48, 49, 50, 51
Astrapotherium, 52, 53, 54
Necrolestes, 55, 56
Papillon, 57, 58, 59, 60, 61, 62, 63, 64, 65, 66, 67, 68, 69, 70, 71, 72, 73
Homunculus, 74, 75, 76, 77, 78, 79

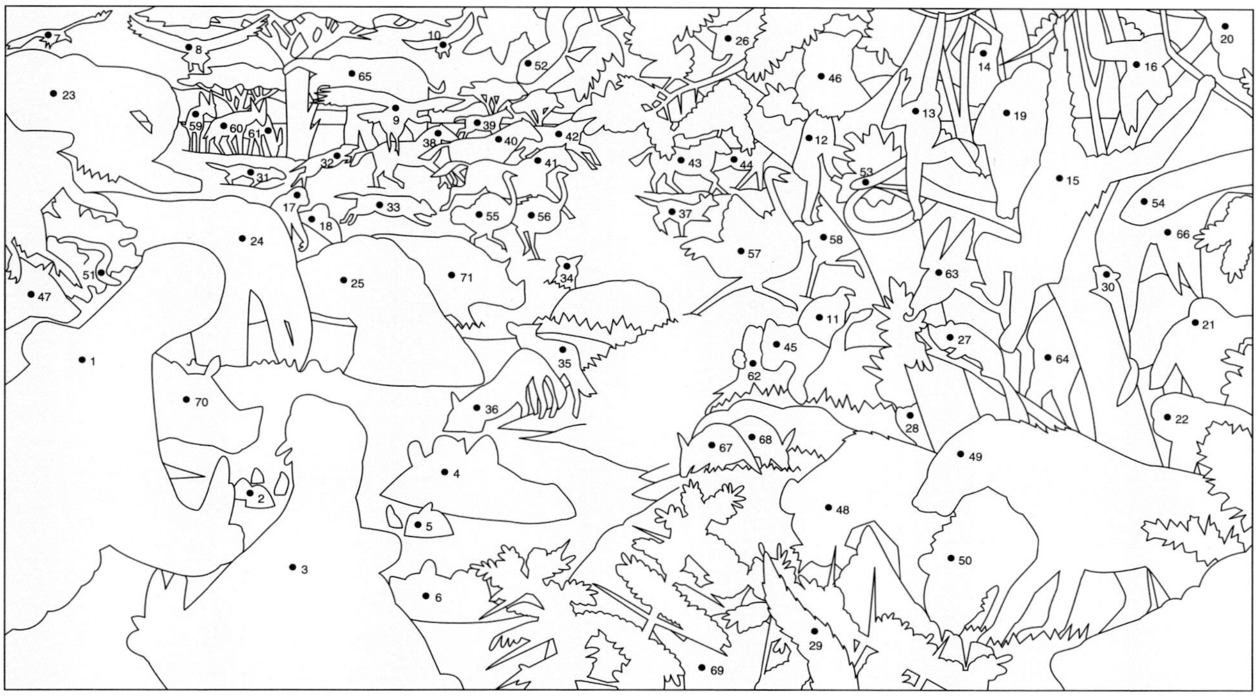

Animaux d'Afrique 22-23

Hippopotame, 1, 2, 3, 4, 5, 6
Vautour, 7, 8, 9, 10, 11
Dendropithèque, 12, 13, 14, 15, 16
Sivapithèque, 17, 18, 19, 20, 21, 22
Platybelodon, 23, 24, 25
Kanuites, 26, 27, 28, 29, 30
Lycaon, 31, 32, 33, 34, 35, 36, 37
Hipparion, 38, 39, 40, 41, 42, 43, 44
Afrosmilus, 45, 46
Percrocuta, 47, 48, 49, 50
Serpent arboricole, 51, 52, 53, 54
Autruche primitive, 55, 56, 57, 58
Prolibytherium, 59, 60, 61, 62, 63, 64
Deinotherium, 65, 66
Oryctérope, 67, 68, 69
Teleoceras, 70, 71

Enlisés dans le bitume 24-25

Bison, 1, 2, 3, 4, 5, 6, 7, 8, 9, 10
Camelops, 11, 12, 13, 14
Teratorn, 15, 16, 17, 18, 19, 20
Cheval de l'ouest, 21, 22, 23, 24, 25, 26, 27, 28
Paresseux géant, 29, 30
Belette, 31, 32, 33, 34, 35
Aigle, 36, 37, 38, 39
Dinde et dindon, 40, 41, 42, 43, 44
Cigogne, 45, 46, 47, 48
Mammouth, 49, 50, 51, 52, 53, 54
Canis dirus, 55, 56, 57, 58, 59, 60
Smilodon, 61, 62
Serpent à sonnettes, 63, 64, 65
Grenouille et crapaud, 66, 67, 68, 69, 70, 71

Les glaciations 26-27

Megaloceros, 1, 2, 3
Grand pingouin, 4, 5, 6, 7, 8, 9, 10, 11, 12, 13, 14, 15
Renard polaire, 16, 17, 18
Lemming, 19, 20, 21, 22, 23, 24, 25
Ours, 26, 27, 28
Veau marin, 29, 30
Rhinocéros laineux, 31, 32
Renne, 33, 34, 35, 36, 37, 38, 39, 40, 41, 42, 43
Hermine polaire, 44, 45, 46, 47
Elasmotherium, 48
Bœuf musqué, 49, 50, 51, 52, 53, 54
Lièvre arctique, 55, 56, 57, 58, 59
Phoque, 60, 61, 62, 63, 64, 65, 66, 67, 68
Mammouth laineux, 69, 70, 71, 72, 73
Baleine, 74, 75

Index

Autres illustrations : Inklink Firenze
Crédit photographique : p. 7, © Digital Vision

Réponses aux jeux de la page 28 : 1. **D** Camarasaurus, 2. **B** Anurognathus, 3. **D** Peloneustes

Imprimé en Espagne.